Recomendaciones

"La familia es un tema retador en estos tiempos. Andrés aborda el tema del desprecio en la familia de forma integral. Este libro te ayudará a entender lo nefasto que es justamente el desprecio en una familia".

FÉLIX ORTIZ
Director de especialidades 625, escritor, sociólogo, profesor universitario, Barcelona, España.

"En este libro Andrés aborda un aspecto que a veces parece inofensivo, pero que suele ser letal en una relación. Es un escrito que alude de manera fácil y sencilla a ese enemigo silencioso del desprecio".

ANDRÉS CORSON
Escritor, pastor presidente de la iglesia
Su Presencia, Bogotá, Colombia.

"Es un libro que ayuda a mirar de forma clara los resultados catastróficos que el desprecio produce en cualquier relación".

HUMBERTO FAJARDO
Presidente ejecutivo del Concilio de las
Asambleas de Dios de Colombia.

"Un libro que te ayudará a proteger tu hogar de un enemigo silencioso pero letal. Andrés de manera seria aborda un tema por momentos desconocido, pero de gran impacto".

MARCO ACOSTA
Politólogo, concejal de Bogotá, Colombia, pastor presidente de la iglesia Dios Está Formando un Pueblo.

"El Dr. Andrés inspira a través de su libro a crecer como familia. Es interesante la forma en que aborda el tema, ya que lo hace desde la integralidad del ser".

NATALIA LASSO
Abogada, concejal de Cali, Colombia.

"Un libro que te ayudará a revisar aspectos personales y familiares que por momentos tienden a ser desatendidos en la relación matrimonial. Gran herramienta para crecer como familia".

WILFREDO MIRÓN
Director Nacional de Jóvenes (E.D.C.), pastor de las Asambleas de Dios, Sonsonate, El Salvador.

EL DESENMASCARAMIENTO DE UN ENEMIGO MORTAL PARA EL MATRIMONIO

UN HOGAR NO SOBREVIVE A ESTO...

ANDRÉS ARANGO

PATMOS

Un hogar no sobrevive a esto...
El desenmascaramiento de un enemigo mortal para el matrimonio

Publicado por Editorial Patmos
Miramar, FL 33027

Diseño de portada e interior por Adrián Romano
Editado por Oliva González Hernández

ISBN: 978-1-64691-451-7
ISBN: 978-1-64691-452-4 (eBook)

Categoría: Vida cristiana / Matrimonio

Impreso en Brasil | *Printed in Brazil*

Dedico este libro a mis padres, quienes a lo largo de mi vida me han enseñado el valor del amor en el hogar. En medio de sus diferencias ellos supieron construirse y lograron enseñarme que un hogar sobrevive a todo, menos al desprecio.

CONTENIDO

INTRODUCCIÓN

El título de este libro de por sí es perturbador, más aún cuando creemos que en Dios todo es posible y que por NADA del mundo un hogar que está bajo la línea de la fe y la vida cristiana puede sucumbir. Pero hay aspectos inmersos en nosotros, producto de nuestra mortalidad e imperfección en los que debemos actuar, pues de no hacerlo provocarán daños trascendentales en nuestra vida, familia y hogar de los que definitivamente no podremos culpar a Dios.

Hay principios sobrenaturales, lo sé, pero no por eso podemos descuidar leyes naturales que nos rigen, permítame dar un ejemplo. Eulices es un feligrés típico, dice amar a Dios y lo demuestra asistiendo regularmente a su iglesia y sirviendo como voluntario en obras sociales. Pero Eulices está pasando por el peor tiempo de su matrimonio. Busca ayuda, y aquel que se ha inscrito como su mentor lo cuestiona: "*¿Qué pasa en tu hogar?*" a lo que Eulices responde: "*No sé, quizás un demonio quiere dañar mi matrimonio*".

La verdad es que Eulices es un esposo lejano, maltratador verbal, poco o nada detallista y además profundamente rencoroso, lo que no le permite abordar sus problemas con la inteligencia emocional y espiritual que se requieren y la biblia orienta:

> Por lo cual también nosotros, desde el día que lo oímos, no cesamos de orar por vosotros, y de pedir que seáis llenos del conocimiento de su voluntad en toda sabiduría e inteligencia espiritual.
> Colosenses 1:9

Volviendo a la respuesta de Eulices según la cual el culpable es un demonio, seguramente a él, como a muchos de nosotros, le resulta más fácil crear un objeto de descarga (espiritual o natural) para esquivar su responsabilidad y quién mejor que el diablo, que por cierto no puede debatir, ni negar nuestra sentencia hacia su actuar.

Querido lector, a lo mejor ha vivido o esté atravesando una crisis matrimonial, ninguno está exento de ello. Permítame compartir uno de los consejos que más han ayudado mi vida matrimonial, me lo dio Félix Ortiz (escritor, pastor y sociólogo) en una sesión de mentoreo en la que me confrontó: "*creo que ayudaría más que puedas responsabilizarte de tus actos sin culpar al otro*".

He comprobado con el paso del tiempo que ese consejo en los inicios de mi matrimonio me ayudó a tener una visión real de lo que el conflicto representa, y que es desde la realidad que se puede emprender el camino correcto; lógicamente de la mano de Dios, pero no cayendo en el autoengaño de espiritualizar nuestros errores, más bien asumirlos con esa inteligencia de la que Colosenses habla.

Otra experiencia que me ayudó en esa primera etapa de mi matrimonio ocurrió cuando le consulté a un mentor sobre la necesidad de llevar un grupo de fieles a orar por mi casa. "*¿Por qué?*", Preguntó él. Con tono espiritual le contesté: "*creo que esta nueva casa a la que hemos llegado tiene algún espíritu y necesita ser ungida (como buen pentecostal)*". No sabía que recibiría una de las respuestas más contundente que alguien me ha podido dar "*Andrés, si lo que quieres decir es que la culpa de tus problemas matrimoniales es de un demonio, tengo que decirte que ese demonio eres tú*".

Con asombro y algo de vergüenza lo cuestioné, pero él afirmó: "*Quienes se creen muy buenos y espirituales como tú, tienden a echarle la culpa a un espíritu en lugar de reconocer: ¡Tengo que cambiar!*". Ese momento y esas palabras quedaron en mi corazón hasta hoy (17 años de matrimonio) para tratar día a día de hacerme cargo de mis errores y desaciertos sin culpar a nadie, ni siquiera al diablo.

Finalmente, aludiré en este libro a un enemigo que, aunque silencioso, es capaz de filtrarse en las relaciones matrimoniales de manera sutil, tanto, que algunos no lo notan hasta que es demasiado tarde. *Un hogar no sobrevive a esto...* nació en una conversación que tuve con Félix, el mentor mencionado inicialmente, quien una noche de agosto me dio ese consejo trascendental que luego de algún tiempo me sentí preparado para enseñar en una de mis predicaciones en "La Central", la comunidad cristiana que tengo el honor de presidir.

Es mi deseo que este escrito lo inspire, pero sobre todo le permita detectar si quizás ese asesino llamado "Desprecio" ha ingresado o está intentando entrar a su matrimonio. Amigo, un hogar sobrevive a todo, menos a eso (el desprecio), y en las próximas líneas a través de la Biblia y diferentes conceptos lo voy a demostrar.

CAPÍTULO 1

EL HOGAR

No quiero aburrirle con conceptos etimológicos o epistémicos respecto a lo que la palabra "*hogar*" significa. Tomaré la definición expresada sencilla, pero profunda, de Sandra Bracamonte (2021), quien en uno de sus buenos artículos sobre familia expresa:

> El hogar lo podemos ver como un lugar físico donde se crea un ambiente *fraterno*, es allí donde se desarrolla la vida privada de la familia, así mismo donde se construyen los lazos y la identidad de la familia que se basará en el *acompañamiento* mutuo de las alegrías y las preocupaciones.

En otro aparte del texto afirma: "En el hogar la familia debe sentir un ambiente de *armonía*, de *respeto* y de *reconocimiento*, y es allí donde los niños y niñas se sienten seguros, y donde pueden desarrollarse".

Me permití resaltar en el texto palabras que a mi criterio son relevantes en esta sencilla pero bella definición de hogar. Justamente en esta línea y sobre el tema que nos lleva a este escrito, se puede decir que un hogar puede sobrevivir a muchas cosas: al impacto y dolor de una infidelidad, al cansancio que nos lleva a ver la vida matrimonial como una neblina que enceguece, al desgaste que llega con los años y hace parecer que algunos componentes ya no encajan al punto de considerar repensar la relación e inclusive llegar al divorcio; es más un hogar puede sobrevivir al flagelo de la mentira, que no solo es engaño sino un rompimiento que va directo al alma, puesto que cuando llega del ser amado o de quien más dice amarnos, tiende a ser devastador.

Los episodios y escenarios antes mencionados, que no niego suponen una alta dificultad para sanar o superar una crisis matrimonial, me arriesgo a decir que no se comparan con uno de los peores enemigos y asesinos silenciosos de cualquier relación llamado "desprecio".

A lo largo de los años como pastor, psicólogo clínico, mentor y hasta amigo de cientos de personas, he encontrado que, tanto en el trato con pacientes en terapias y consultas por problemas familiares como en innumerables consejerías y asesorías, existe un mismo patrón destructor que el desprecio representa, en especial para un hogar. No estoy diciendo que todo problema familiar o matrimonial sea causa del desprecio; he animado a parejas en momentos de crisis donde se nota que este flagelo no ha logrado permear su relación y por ende no se evidencia.

La Biblia demuestra que no es posible tener un buen hogar con el desprecio durmiendo en el corazón de alguno, o peor, de ambos cónyuges. En los capítulos siguientes lo demostraré.

Dios siempre dio significativa importancia a lo que a familia, matrimonio y hogar respecta, pero es que nuestra naturaleza caída al igual que esos constructos personales con los que venimos a formar nuestro hogar con otra persona, son los que terminan cobrando una factura que por momentos resulta difícil o imposible de pagar.

Todos nos construimos con recursos que vienen desde nuestra infancia. Desde allí cargamos una cantidad de reacciones, emociones, tramitaciones emocionales y visiones de la vida que nos acompañan para construir (repetir, modelar, configurar) lo que a lo largo de los años llamaremos hogar.

EL HOGAR ES UN REGALO DE DIOS, PERO SOMOS NOSOTROS LOS QUE DEBEMOS CUIDARLO.

Somos dos individuos (el matrimonio) trayendo diferentes construcciones que consideramos correctas porque fue lo que nos enseñaron y/o modelaron nuestros padres, pero en la práctica, algunos de esos fundamentos pueden ser, o aun están siendo, dañinos para la relación y formación de nuestro hogar.

Cuando el desprecio ingresa a un hogar, lo primero que comienza a marchitarse es el amor, que es el fundamento principal. La Biblia dice:

> Tres cosas durarán para siempre: la fe, la esperanza y el amor; y la mayor de las tres es el amor.
>
> 1 Corintios 13:13, NTV

Entonces, si lo más importante para que un hogar se mantenga es el amor, cómo garantizar su supervivencia si constantemente es golpeado al punto de fracturarse mortalmente. Eso es lo que significa el ingreso del desprecio al hogar: una herida letal para el amor. Algunos pensarán: ¿Acaso no dice el versículo bíblico referenciado que el amor permanece para siempre? Sí, pero no podemos desconocer las distintas clases de amor que existen, y aunque no pretendo dar una clase de idiomas bíblicos o hermenéutica, sí puedo decir que el amor que involucra el hogar, la pareja y la familia se puede poner en riesgo y ser afectado cuando de ese asesino mencionado (el desprecio) se trata.

Su hogar es importante para Dios, pero lo debe ser para usted también. Un día escuché a alguien decir (y quizá con buenas intenciones): *"Yo le dejé mi hogar a Dios y él verá qué hace"*. Conociendo un poco la situación de aquella familia pensé: *"qué manera de negar un problema y eludir la responsabilidad que un hogar requiere"*.

En el próximo capítulo hablaré del matrimonio. Analizaremos la posible raíz de ese desprecio que aparece, sin importar los años de convivencia que se lleven. Veremos que el desprecio no toca el hogar de la noche a la mañana, es decir, no es algo súbito, sino procesal.

No hay hogares perfectos, pero sí pueden existir hogares sanos, que en medio de los terremotos de la vida logren priorizar el amor y el crecimiento de la familia que están construyendo, en la que quizás llevan años trabajando o que apenas están iniciando. El hogar es un regalo de Dios, pero somos nosotros los que debemos cuidarlo, es decir, hay cosas que Dios no hará por mí, por ejemplo: pedir perdón, reconocer el error, dar valor al cónyuge, admirar a cada miembro de la familia, respetar al otro y muchos otros aspectos que desde la naturalidad nos competen para mantener un hogar sólido.

En los capítulos posteriores le voy a demostrar bíblica, psicológica y estadísticamente que un hogar nunca podrá funcionar ni avanzar cuando se le abre la puerta al DESPRECIO.

CAPÍTULO 2

EL MATRIMONIO

Nos casamos con una persona, pero pasaremos la vida con otra. Sí, aunque lo que acaba de leer le pueda generar preocupación y hasta rechazo, es una realidad a raíz de los cambios que como seres humanos experimentamos cuando maduramos, crecemos y envejecemos. Por lo tanto, ni usted ni su cónyuge serán siempre los mismos, no llegaremos al final de esta vida siendo las personas que aquel día dijimos en el altar: "sí, acepto".

Al pasar de los años la persona con la que nos casamos experimentará cambios físicos, emocionales, comportamentales y hasta mentales. Verá la vida de forma distinta, sus prioridades cambiarán y añadirá otros colores a su perspectiva. Por eso se dice que uno no se quedará ni siquiera con el esquema físico de aquel con quien se casó, sino con su esencia; esa esencia que a veces perdemos de vista y sacrificamos por la esteticidad de un cuerpo o un deslumbrante rostro. Haciendo un análisis racional, lo que verdaderamente acompañará siempre a cada persona será su SER; esa esencia interior, a veces indescifrable, que determina los valores del sujeto.

Al respecto, quisiera invitarlo a una reflexión, teniendo en cuenta que lo importante es la esencia del ser. ¿Se sentiría feliz al saber que pasará el resto de su vida con alguien como usted? Es más, ¿sabiendo lo que sabe de usted mismo, conociéndose como se conoce, se arriesgaría a pasar la vida con alguien así?

El apóstol Pablo fue un poco cuidadoso, por no decir crudo, cuando se refería al matrimonio. Además de los consejos que daba, también advertía de las luchas que se vivirían dentro de esta relación:

> Pero los casados van a tener problemas, y me gustaría evitárselos.
>
> 1 Corintios 7:28, TLA

Quien diga que el matrimonio es lo más fácil y bello de la existencia, miente. El matrimonio, según lo plantea Sigmund Freud (1931) en su texto "Sobre la sexualidad Femenina", conlleva una sensación de "*enclaustramiento*", que sumándole las expectativas que se traen, genera inevitables "*decepciones*".

No nos engañemos, nos casamos desde un imaginario, desde una línea de fantasía (entre más juventud más fantasía gobierna la conducta) y ese espejismo hace que se derrumbe el castillo que se ha construido en la mente. Permítame explicarlo.

Existen tres clases de matrimonio que transitan por la mente del individuo:

- **El matrimonio fantasioso.** Aquel que simbolizamos en la infancia. Ese que se evoca desde el juego y decimos con inocencia: "*yo tendré tantos hijos; mi esposo o esposa será así o asá, y viviré en...*", similar a un relato de cuento. Es como la mayoría de veces se empieza a construir la idea del matrimonio en esa etapa de la vida; las niñas se creen princesas y los niños, príncipes. Esta idea va madurando y comienzan los cambios mentales y de visión, pero las raíces quedan afianzadas en "la fantasía", lo cual va a emerger en otras etapas de la vida.
- **El matrimonio imaginario.** Es el que aparece cuando llega el enamoramiento y la posibilidad de iniciar un hogar. En este caso, la construcción imaginaria se alimenta justamente de la etapa infantil de juego y fantasía. El ideal es el amor de telenovela, un matrimonio poético y si queremos ser bíblicos, ese idilio del libro del Cantar de los Cantares. Allí la mente cree que todo estará bien y que con "la ayuda de Dios" nada podrá salirse de su cauce. Lo imaginativo en esta etapa involucra lo sexual, lo futurista, los posibles hijos y muchos otros "posibles" que desde lo ideal se alimentan, pero que luego se frustrarán cuando se descubra que eran parte de una concepción desestructurada, dado que la realidad no operó lo suficiente en el momento de la gestación de este proyecto.

- **El matrimonio real.** ¡Bienvenido! Esta es la etapa que quedará, quizás la que usted está viviendo hoy. El matrimonio real podría definirse como la deconstrucción de una fantasía imaginaria, que nos conecta con una realidad no siempre atractiva. En este "matrimonio real" el otro (cónyuge) rompe nuestro espejismo y nos empuja a una realidad para la que talvez no estábamos preparados.

Permítame ilustrarlo con una situación que viví al iniciar mi ejercicio profesional como psicólogo. La teoría recibida en clase nos enseñaba cómo actuar en diferentes escenarios, entre ellos ante eventos hospitalarios. Hasta ahí todo era bello y emocionante, pero la primera vez que fui asignado a un hospital y estuve frente a un paciente con "psicosis aguda", la teoría se me esfumó. Para ser sincero solo venían fragmentos que trataban de aterrizar en mi mente, pero no llegaban debido a la tensión, angustia y miedo que experimentaba.

EL AMOR ES EL BLINDAJE EFECTIVO CONTRA EL DESPRECIO.

Algo parecido sucede cuando estamos ya en un matrimonio real que nos trae grandes desafíos, miedos y hasta frustraciones. Los consejos recibidos, las advertencias de nuestros seres queridos, los cursos prematrimoniales y otras buenas herramientas no nos garantizarán solucionar lo que nuestra personalidad, carácter o temperamento propician en determinado momento.

Cecil Osborne (1998) en su libro "Psicología del Matrimonio", menciona a H. S. Sullivan a quien citaré textualmente: "*cuando la satisfacción a la seguridad de otra persona llega a ser tan importante para uno como la propia, puede entonces decirse que existe una situación de amor. Que yo sepa, no puede hablarse de que haya amor en ninguna otra circunstancia, diga lo que diga la cultura popular*". Lo anterior resume la importancia del valor que se le da al otro en el matrimonio.

Cuando hablo de desprecio lo hago desde una óptica analítica, respecto a lo que este gran veneno causa. Y es que tal como lo podemos intuir, el fragmento de Sullivan enmarca la necesidad de ver al otro con ojos de valor pleno para que entonces el amor sea el blindaje efectivo contra ese enemigo del que venimos hablando.

Recuerdo a una pareja que vino a consultarme y el esposo tenía un trastorno narcisista evidente. "*Vine porque ella quería que lo hiciera, pero por mí, jamás asistiría a esto*", fue el saludo del caballero. Su esposa, un tanto incómoda, sonrió y trató de excusarlo: "*es que él es así*". Debo ser sincero, me sentí incomodo por esa mujer que normalizaba la conducta de ese hombre que a toda luz la despreciaba, y no solo a ella, al matrimonio mismo, y por su actitud, también a todos los demás.

La pareja tomó varias sesiones, pero finalmente el hombre terminó abandonándola. Entonces ella decidió empezar un proceso terapéutico para sanar el impacto sufrido. Fueron casi seis meses de tratamiento y era impresionante ver como aquel ser humano se había acostumbrado tanto al maltrato al punto que parecía extrañarlo.

Lo inaudito era que aun en medio del dolor de la que fue su esposa, con la que tuvo dos hijos, ese hombre no perdía oportunidad de rebajarla y hacerle creer que el valor de él era superior. No fue hasta que esta mujer aceptó su realidad que pudo ver el flagelo al que se había sometido por años, y finalmente logró retomar su vida para reconstruirse en el campo del valor personal.

Como esa paciente, muchas personas aprenden a vivir con el desprecio de su cónyuge. Ante esto tengo que decir que no importa cuántos años lleve una pareja de matrimonio o qué posición profesional o hasta religiosa ocupen (pastor, mentor, líder), el desprecio siempre terminará rompiendo y dañando. ¿Sabe por qué? Porque el que desprecia, en su pensada omnipotencia, llegará al punto en que se cansará del sufriente cónyuge y se irá, o la víctima no aguantará y huirá. Ni qué decir si el desprecio es mutuo, eso simplemente es una bomba de tiempo.

El desprecio puede llegar en cualquier momento. Puede aparecer al pasar de los años por triunfos profesionales, crecimiento académico u otros factores que lo aceleren, pero hay un elemento que considero especial: la infidelidad. Desviar la mirada a otra persona no solo producirá que los defectos del cónyuge salgan a flote de manera más notoria, sino que lo percibido anteriormente como error o simple aspecto de la personalidad, ahora se critica con vehemencia y hasta con violencia verbal.

Termino este capítulo con un llamado sincero a quien considera que su matrimonio no está bien hoy. Si su matrimonio está pasando por un mal momento, es la oportunidad para revisar concienzudamente si ese enemigo que poco a poco he ido revelando, se ha enquistado en su hogar y posiblemente sea el culpable de lo que están viviendo. No olvide, sin importar lo que hagamos, si no eliminamos el desprecio, él eliminará nuestro hogar.

CAPÍTULO 3

EL DESPRECIO

Les presento al protagonista de este libro. Sí, ese enemigo que hemos venido desenmascarando. Aquel sutil pero letal veneno que al meterse en un hogar puede significar su sentencia de muerte.

El diccionario de la Real Academia Española (RAE) describe así el desprecio: *"considerar [una persona] que otra es indigna de su aprecio y trato, y demostrarlo rechazándola"*. *"Considerar que algo no merece aprecio o atención"*. Quizás por eso Voltaire decía: *"todo es soportable, salvo el desprecio"*.

Solo imaginar una oleada de rechazo a diario, una mirada inquisidora y un trato degradante por parte de uno de los cónyuges, es perturbador, pero más lo es observar que hay hogares que se muestran pasivos frente a esa situación y por ende permiten que ese monstruo crezca hasta que los devora.

Pero, ¿qué es el desprecio en palabras entendibles? Podríamos decir que es la consideración de inferioridad hacia otro, es decir, ver al otro como menor. Que bien nos va para el tema recordar lo que dijo el apóstol Pablo en su carta a los Romanos:

> Ninguno se crea mejor de lo que realmente es. Sean realistas al evaluarse a ustedes mismos, háganlo según la medida de fe que Dios les haya dado.
>
> Romanos 12:3, NTV

En el capítulo anterior hablé de las causas que podrían despertar el desprecio en uno de los cónyuges. Además, me gustaría mencionar algunas emociones que tienden a dispararse cuando el desprecio ha llegado:

- **Hostilidad.** No se puede hablar pacíficamente o con cortesía al cónyuge. Es cierto que en algún momento podría haber un instante álgido que conlleve a una discusión acalorada entre esposos, pero no debe ser la constante. De ser así, se debe revisar a profundidad las causas y a lo mejor se evidencie que el desprecio tiene una alta cuota en ello.
- **Ira.** Un displacer constante para con la otra persona que causa una incomodidad a veces incomprensible. Esa ira podría traducirse en palabras y en casos extremos hasta en actos violentos.
- **Aislamiento.** No creo que haya algo que tenga más poder en el matrimonio para alejar a los cónyuges que el desprecio. Mientras uno se cree superior y se va a otro cuarto o hace su vida independiente, el otro siente como su valía disminuye y los pensamientos de minusvalía crecen hasta apoderarse del sufriente.

Recuerdo una paciente que me asignaron en un hospital psiquiátrico. Era una profesional con un alto cargo gerencial, pero estaba sumida en una tristeza profunda que la obligó a consultar por urgencias, y al ser evaluada quedó hospitalizada. Cuando entré a su cuarto y me presenté, le pregunté si quería conversar de algo en particular, ella me respondió: "*hablemos de mi esposo*"; "*perfecto*", le respondí.

ES VITAL REFLEXIONAR SI LO QUE SIENTE UNA PERSONA SOMETIDA AL MALTRATO ES AMOR O APEGO, O QUIZÁS PSICODEPENDENCIA.

La mujer comenzó a llorar y a expresar: "*ya no sé qué más hacer para que este hombre me quiera, doctor. Si usted supiera lo que me dice, cómo me trata y lo que me hace, no me creería*". Después de una hora de abordaje del caso, concluí que definitivamente no importa cuánto haga una persona o cuánto esfuerzo realice, si un despreciador está ahí, nada valdrá.

Ella era la que sostenía económicamente el hogar, tenían tres hijos, y como si fuera poco, había sacado a su esposo de varios problemas por la adicción al juego (ludopatía). Sin embargo, nada de eso logró que ese hombre la mirara con aprecio y valor. Ella permaneció una semana hospitalizada y él nunca vino a verla, solo se limitó a llamar al hospital un par de veces. Es que el desprecio es cruel y se ensaña con el despreciado, no solo si es cónyuge, puede ser un empleado, un hijo, un amigo, u otra persona.

Saliéndonos un poco de lo conyugal y lo familiar, podemos analizar que el desprecio es un mal que ha permeado el mundo en general y ha llevado a que los ciudadanos y pares se vean con profundas distinciones de clases económicas y sociales, lo cual ha generado una especie de esclavitud moderna. Si tan solo nos viéramos a los ojos con compasión y aprecio del uno al otro, entenderíamos que todos fuimos creados del mismo barro, y que alcancemos lo que alcancemos, nuestra morada final en esta tierra será la misma (no me refiero a la eternidad sino al reposo final del cuerpo).

Delgado, Jennifer, en su artículo "Qué es el Desprecio", cita un estudio de la universidad de Bari en el cual se evidenció que el desprecio no solo se "piensa" sino que provoca una gran activación de la amígdala, la estructura cerebral por excelencia donde se procesan las emociones. Es decir, el desprecio no viene solo, siempre estará acompañado de una serie de emociones generadoras de descargas, y con el pasar del tiempo empeorará la situación. Eso es lo que por momentos le hace pensar al cónyuge que no hay salida.

También comienza allí la tortura evaluativa hacia el otro. Pensamientos como: "*no merece mi atención*", "*puedo encontrar a alguien mejor*", "*no me da el valor que merezco*", y muchos otros juicios que quizás no se verbalizan, pero están allí como una grabación día a día en la mente. Finalmente, la persona creerá que es un desgaste seguir con su cónyuge y preferirá dedicar el tiempo y la energía a otra cosa, o peor aún, a otra persona.

En el desprecio aparece la indiferencia, la cual con su poder excluyente logra asentar los pensamientos despectivos que se han ido creando. En un hogar donde la indiferencia gobierna se desatan sentimientos y acciones de individualidad y poco a poco uno de los cónyuges o ambos comienzan a preguntarse: "*para qué lo necesito*" o "*por qué seguir*". El hogar es una institución donde se crece de forma conjunta, pero cuando este principio se altera y se sale de la pluralidad de la familia para quedar inmerso en la unilateralidad del vivir, entonces la indiferencia toma el control y aparecerá el desinterés y finalmente el desapego.

Hablando de desapego, es vital reflexionar si aquello que una persona sometida al maltrato siente es amor o apego, o quizás psicodependencia. Confundir el amor con apego o con esa torturante dependencia, se asemeja a estar en una prisión, en la que el carcelero está feliz con la invalidez emocional de su víctima; lo que a toda luz permite y hasta normaliza dicho maltrato.

El desprecio es tan cruel que puede aparecer, aunque se haya dado lo mejor de sí o se hayan recibido múltiples beneficios. Una paciente me dijo un día: "*Le conté mi proyecto a mi esposo, y cuando lo escuchó solo me dijo: yo no creo en eso que usted quiere emprender*". Aquella mujer estaba desconsolada ante la respuesta de quien esperaba le diera un poco de ánimo para esa posible "locura" que estaba iniciando.

Un cónyuge solo con escuchar puede proteger su matrimonio de esos tentáculos nefastos del desprecio. Y cuando digo escuchar me refiero a una escucha atenta, sin conclusiones personales o ligeras. Tal como lo dice Jeff Feldhahn (2007) en su libro: "Solo para hombres": "*ante la incapacidad de escucha o el impacto de lo propuesto, deberíamos sugerir: w¿podríamos hablar acerca de esto más tarde?*". Esto significa que en momentos de alta tensión quizás se deba esperar a estar en condiciones mentales y hasta ambientales más favorables (sin niños interrumpiendo ni cosas pendientes esperando) para abordar de forma calmada e inteligente el problema. Esos detalles de sinceridad y paciencia serán eficazmente protectores de esos visos de desprecio que por temporadas buscarán acercarse al matrimonio.

SI SIEMPRE BRILLARA EL SOL, TODO SERÍA UN DESIERTO.

Déjeme ilustrar un poco más el desprecio. Es como un martillo que golpea en diferentes proporciones. Cuando una persona se siente despreciada, recibe el más mínimo movimiento o palabra desatinada de su cónyuge como un golpe, y el despreciador parece no medirse; cada palabra, cada pedido, cada conversación, terminará con alguna de las partes herida y enfrentando al dolor de los golpes. El asunto es que a medida que el tiempo pasa, ese martillo se usa más a menudo y se le va imprimiendo mayor fuerza, es entonces cuando calificativos como “tonto(a)”, “estúpido(a)” u otros similares van siendo de mayor calibre hasta pasar incluso al plano de la agresión.

Ante un panorama así ¿sabe qué va a pasar? Que un día la vasija se va a quebrar, es decir, aquella persona y posiblemente ese hogar, quedarán en mil pedazos porque no es posible soportar golpe tras agolpe sin terminar destrozado.

Sin querer discriminar al varón, permítame mencionar un texto bíblico que muestra la fragilidad (no debilidad) de la mujer.

> En cuanto a ustedes, los esposos, sean comprensivos con sus esposas. Reconozcan que ellas no tienen la fuerza de ustedes, pero que también a ellas Dios les ha prometido la vida eterna. Si ustedes lo hacen así, Dios escuchará sus oraciones.
>
> 1 Pedro 3:7, TLA

El amor siempre será ese camino protector. El problema es que a veces por las ocupaciones, preocupaciones, estrés y exigencias de un hogar, terminamos permitiendo que el amor se apague (le invito a leer 1 Corintios 13), y es allí donde el desprecio estará presuroso a entrar. Hablando del texto bíblico que propongo, déjeme tomar la forma en que ese capítulo comienza:

> Si no tengo amor, de nada me sirve hablar todos los idiomas del mundo, y hasta el idioma de los ángeles. Si no tengo amor, soy como un pedazo de metal ruidoso; ¡soy como una campana desafinada! Si no tengo amor, de nada me sirve hablar de parte de Dios y conocer sus planes secretos. De nada me sirve que mi confianza en Dios me haga mover montañas. Si no tengo amor, de nada me sirve darles a los pobres todo lo que tengo. De nada me sirve dedicarme en cuerpo y alma a ayudar a los demás.
>
> 1 Corintios 13:1-3, TLA

Esposo o esposa que me lee, si me permite tomar este versículo para ilustrar una cruda realidad que vivimos, creo que será de ayuda lo siguiente. Imagínese cómo sonaría dicho pasaje bíblico si lo leyéramos de una forma un poco más contemporánea:

> *Si no tengo amor, de nada me sirve dar un carro, casa, viajes, vacaciones y hasta parecer muy bueno para la gente de la calle. Si no tengo amor, soy un esposo(a) de nombre y hasta con gran apariencia, pero de nada sirve porque sin amor nada podría funcionar.*

Aunque solo es un ejemplo, muestra las posibles rutas que nos van llevando a ese abismo del desprecio al que me aproximaré en el próximo capitulo.

Si consideramos la mayoría de los problemas por los que pasamos, y la hipersensibilidad que nos rodea en momentos de presión, quizás entendamos que ser un poco más sensibles a los sentimientos del otro y aplicar el amor más que la razón, nos ayudará mucho. Sí, leyó bien, a veces debería pesar más el amor que una simple competencia por quién tiene la razón.

Quisiera terminar este capítulo con un proverbio chino que dice: "*Si siempre brillara el sol, todo sería un desierto*". Lo anterior para enfatizar que, aunque hoy su matrimonio esté atravesando el camino del dolor o la amenaza de la separación, aun así puede revisar si lo que han calificado como cansancio, desgaste, monotonía u otros aspectos de la relación, en realidad sea la raíz del desprecio. Ese desprecio que en cualquier momento puede tocar y hasta dañar la más fuerte relación. De seguro todos pasamos por una etapa de invierno en el matrimonio, la diferencia no la hace lo que pasó, sino lo que hacemos con aquello que ocurrió.

CAPÍTULO 4

EL DESPRECIO DEL ESPOSO

El desprecio es tan dañino como ridículo. La gente puede mostrar desprecio por el aspecto físico de alguien, por su condición económica, por la forma de vestir y hasta por su forma de hablar, pero quizás lo más ridículo es despreciar a quien nos entregó o está entregando los mejores años de su vida, el cónyuge.

En el matrimonio suele pasar. Se empieza a despreciar al cónyuge porque no tiene ciertas habilidades que nosotros tenemos o, más grave, habilidades que vimos en otro. El desprecio es como un cáncer, una vez aparece se va extendiendo, y el tiempo en lugar de curarlo lo disemina por todo el organismo, es decir, a todos los miembros de la familia, especialmente los más cercanos. Siguiendo con la alegoría del cáncer, se puede decir que el desprecio es curable si se detecta en su etapa inicial; si en su matrimonio ha ingresado el desprecio, lo primero es identificarlo y extirparlo, de lo contrario arruinará su hogar.

Veamos en el siguiente texto bíblico que registra la historia de una mujer, víctima del feroz desprecio de su esposo.

> Cuando el Señor vio que Jacob despreciaba a Lea, hizo que ésta tuviera hijos, pero a Raquel la mantuvo estéril. Lea quedó embarazada y tuvo un hijo, al que llamó Rubén, porque dijo: "El Señor me vio triste. Por eso ahora mi esposo me amará". Después Lea tuvo otro hijo, al que llamó Simeón, y entonces dijo: "El Señor oyó que me despreciaban, y por eso me dio un hijo más". Y otra vez tuvo un hijo, al cual llamó Leví, porque dijo: "Ahora mi esposo se unirá más a mí, porque ya le he dado tres hijos". Lea tuvo aún otro hijo, al cual llamó Judá, porque dijo: "Esta vez alabaré al Señor". Después de esto, dejó de tener hijos.
>
> Génesis 29:31-35, DHH

La historia de esta mujer es muy dolorosa, fueron siete años iniciales de desprecio. Un desprecio que no terminó ahí, sino que luego de un tiempo tuvo que compartir la casa con quien de verdad era amada por Jacob. Además, no se trataba de una rival a la que su esposo amara en secreto, ¡este hombre lo gritaba a los cuatro vientos!

Un hogar no sobrevive al desprecio porque este genera una infelicidad que ni el despreciado ni el despreciador aguantarán. Si no mire el ejemplo palpable de la historia en mención: una mujer que trata desesperadamente de ganar el amor de su insensible esposo y, por lo contrario, él no se muestra interesado en corresponderle, sino en pagar la deuda impuesta para tener otra mujer a la que sí ama.

Juan Varela (2012) en su libro "Tu matrimonio sí importa" menciona los síntomas que se van instalando lentamente en la relación y activan mecanismos de defensa que buscan contrarrestar un posible ataque que percibimos: "*un sentimiento de apatía e indiferencia impera en la relación, la distancia creada es tal que te empieza a dar igual todo, no te importa lo que él o ella haga*".

EL DESPRECIO PUEDE LLEGAR A EXTREMOS QUE RAYAN CON LA LOCURA, DONDE SE SACRIFICA EL VALOR PROPIO POR PRÁCTICAMENTE NADA.

Esta podría ser la realidad de muchos hogares, entran en una especie de "guerra fría" para tratar (al menos por un tiempo) de sostener una relación que se marchita cada día más. El problema es que en el proceso de gestionar los síntomas y encontrar culpables surgen reclamos como: "*es por tu mamá; todo por tus amigos; desde que cambiaste de empleo todo cambió; no me das tiempo; estamos desgastados; esto no va para ningún lado; ya me cansé*". Frases como estas y otras tantas pueden ser una manera desesperada de tratar de encontrar por qué la relación está tan afectada. Quizás en algunos casos el protagonista no sea el cansancio o las distintas temporadas en que ambos están (aunque podrían ser causales) sino un desprecio soterrado que se ha instalado y cabalga velozmente buscando destruir el hogar.

Regresando al texto bíblico podemos observar algo, era tanto el desprecio del esposo, que hasta el mismo Dios intervino y permitió esterilidad en la mujer que Jacob decía amar. Eso me hace pensar que en ningún caso Dios aprueba el desprecio en la relación matrimonial. Sin embargo, ni siquiera la intervención divina produjo un cambio en la actitud de Jacob.

Cuando el desprecio llega muchas cosas se van, algunas de ellas son la admiración, el respeto y las expresiones de amor; muchas demostraciones de afecto que antes fluían ahora se cambian por silencio, apatía y hasta crítica.

Lea, la mujer de la que estamos hablando, hizo mil cosas para que su esposo Jacob la amara, pero nada dio resultado. Eso demuestra que cuando el desprecio llega al matrimonio, esa condición no se va a arreglar haciendo o dando cosas, tampoco con viajes o vacaciones. Definitivamente el desprecio se debe eliminar intencionalmente o este eliminará el hogar.

En una ocasión atendí una consejería en mi labor pastoral y aunque a diario oigo muchas cosas tanto en el campo psicológico (atención psiquiátrica) como en la comunidad cristiana que dirijo, lo que escuché ese día me aterró. Una mujer me contó todo lo que había hecho para que su esposo le prestara atención y la amara. Su esperanza era que él le devolviera al menos un poco de lo mucho que ella consideraba que le daba, pero al contrario, el hombre la maltrataba, le reprochaba y la humillaba con palabras como: "*yo a ti no te quiero*", "*eres un estorbo en mi vida*".

Lo aterrador para mí era que esa mujer había normalizado ese trato, y en lugar de despertar de tan dura realidad buscaba que yo la ayudara a permanecer en ella: "*quiero que usted me diga qué más hacer para lograr que este hombre me ame. Yo estoy dispuesta a todo. Solo quiero que él me ame como yo lo amo*". Casos como este son más comunes de lo que pensamos, pasa tanto en hombres como en mujeres, solo que se viven en silencio.

En este caso se puede observar cómo el desprecio puede llegar a extremos que rayan con la locura, donde se sacrifica el valor propio por prácticamente nada, y la persona que se ha empecinado en mostrar desprecio convierte lo que en el pasado era valioso y amado, en despreciable y opaco.

Cuando un hombre comienza a despreciar a una mujer puede terminar con un comportamiento similar al odio, y en ese camino minimiza, humilla y hasta maltrata. Solo para mencionar un caso de amor que pasa del desprecio al odio:

> De pronto, el amor de Amnón se transformó en odio, y la llegó a odiar aún más de lo que la había amado. —¡Vete de aquí! —le gruñó.
>
> 2 Samuel 13:15, NTV

La dureza emocional que ejerce un hombre puede quebrantar a una mujer, no importa si es la más amorosa o virtuosa. Por algo Dios mandó tener especial cuidado en lo que a la fragilidad femenina se refiere.

Lea sufrió el desprecio de su esposo no solo una sino muchas veces, sin embargo, aunque el dolor era constante eso no impidió que ella callera en el laberinto en el que tiende a perderse el despreciado. Un flagelo que parece impulsar al despreciado a que, a mayor desprecio mayor esfuerzo para conquistar al despreciador, el cual, en lugar de dar señales de amor continua en su actitud despectiva, como en el caso que estamos abordando.

Al respecto, veamos que dice Génesis:

> Y le puso por nombre Zabulón, que significa "regalo", porque dijo: "¡Qué regalo tan precioso Dios me dio! Ahora mi marido va a tratarme mejor, pues ya le he dado seis hijos".
>
> Génesis 30:20, TLA

Hasta el final esta mujer buscó eliminar el desprecio con el que Jacob la trataba, lo hizo de una y otra forma, pero al parecer jamás lo logró.

Cuando alguien toma el desprecio como arma, especialmente en el hogar, difícilmente cambia. Es como si estuviera donde no quiere estar, pero le toca. Quizás esa persona se queda por responsabilidad o aspectos morales, laborales o hasta religiosos, sin embargo la realidad es que su desprecio siempre se evidencia, y no solo es detectable, también es permanentemente demostrable.

¿Cuál es el antídoto para el desprecio? Hay muchas formas de empezar a eliminarlo, pero quiero centrarme en una que en especial a los hombres nos ayuda mucho a proteger el corazón de ese veneno. Se trata de la importancia que nuestra esposa debe tener en nuestra vida. Es claro que los hijos, la familia y otros lazos familiares y sociales son de alto valor, pero cuando la esposa es lo más importante en la vida del esposo, el desprecio recibirá un portazo cada vez que quiera ingresar al hogar.

Recuerdo que por afirmar este principio en un video publicado en mis redes sociales me gané desde insultos hasta reacciones inusuales. "Lo primero en la vida es Dios", afirmaban algunos (totalmente cierto). Otros escribían: "De ninguna manera, primero mis hijos" y así había muchas opiniones divididas. Al final me pregunté por qué generó tanta reacción decir que la esposa debe captar nuestro mayor interés. Concluí que se ha perdido en esta época esa valía que como esposo debo concederle a mi esposa, esa admiración a la mujer que quizás desde temprana edad entregó todo por amor. De la esposa se tiende a esperar un

EL PROBLEMA DE UN HOMBRE DESPRECIATIVO ES QUE PUEDE LLEVAR A SU ESPOSA A NORMALIZAR EL ABUSO.

amor sacrificial avalado por nuestra cultura machista como lo debido y lo normal, pero no debe ser así, esos años de esfuerzo y sacrificio para construir un hogar deben ser altamente valorados e ir en una doble vía de amor y aprecio.

Cuando un hombre ama y admira a su esposa tendrá una amplia protección contra el desprecio, pero cuando toma desde la obligatoriedad su labor, entonces será ese esposo demandante que siempre considera que la esposa tiene una deuda impagable con él.

Permítame compartirle una historia personal que relato sin el ánimo de parecer un gran esposo u hombre ejemplar, sino para ilustrar lo que el amor puede alimentar en nuestro corazón. Mi esposa dejó su carrera de medicina en el último semestre de estudios por el matrimonio, prefirió sacrificar su éxito académico y laboral para arriesgarse a formar un hogar conmigo. Sinceramente no sé si fue por el enamoramiento de su tierna edad, nuestra inmadurez u otro motivo.

Lo que sé es que eso le significó dejar a sus padres y la ciudad donde vivía, que por cierto le quedaría a cientos de kilómetros de distancia, sin mencionar sus costumbres y muchas otras cosas que se sumaban al desafío de estar sola en lugar desconocido para ella. Como si fuera poco también debía enfrentarse a mi agenda recargada que me alejaba de ella por varios días, lo que se traducía en una esposa que estaría completamente sola en la casa.

Pasaron los años y un día pensando en todo lo que ella había dado tanto a la relación como a nuestro matrimonio, sentí desde el amor la obligación de ofrecerle: "*escoge una carrera y yo la pagaré*". Para sorpresa mía no hubo rechazo a mi oferta, en cambio ella procedió a realizar las averiguaciones para iniciar su nuevo proyecto académico. Fue así como pagué la carrera profesional que ella escogió y que en los años de estudio noté que disfrutó. Lógicamente ya contábamos con otras condiciones económicas y con un transitar en nuestra relación distinto, pero pude a través de ese gesto de amor hacerle sentir que valoraba mucho todo lo que había dejado en el pasado para construir una familia conmigo.

El problema de un hombre despreciativo es que puede llevar a su esposa a normalizar el abuso. Miremos con detenimiento el texto propuesto al inicio del capítulo. Continuando con la historia que se nos narra, se puede evidenciar que Jacob, aunque despreciaba a Lea tenía relaciones sexuales con ella. ¿No le parece cruel? O sea que se puede tener relaciones sexuales con alguien a quien se desprecia o me desprecia. El abusador es capaz de llevar al abusado a normalizar el desprecio.

Jacob tenía sexo con Lea, pero aun así la despreciaba. No profundizaremos en las costumbres y cultura de la época para entender por qué esta mujer lo permitía, solo mencionaré que estamos hablando de una cultura oriental en la que la mujer valía muy poco, pero más allá de eso, pensemos en lo cruel que el desprecio pudo llegar a ser para Lea.

Volviendo a Juan Varela, me llama la atención cuando mencionando el "amor conyugal" hace referencia a un refrán popular: "*el amor es ciego*", aclarando que a ese refrán alguien le agregó: "*el amor es ciego y el matrimonio es la mejor forma de recuperar la vista*". Esto no solo es cierto, sino extremadamente delicado, ya que con el matrimonio real (tema tratado en el capítulo 2) se evidencian todos los vacíos e imperfecciones que como individuos tenemos. Es allí donde un esposo compasivo, amoroso y hasta por momentos sacrificado marcará la diferencia. Cuando digo sacrificado no me refiero a quien sufre por simplemente complacer a la otra persona, sino al que logra entender que en ciertos momentos habrá que sacrificar gustos, placeres o deseos por amor a la otra persona.

EL DESPRECIO ACECHA, Y LO HACE MUY DE CERCA.

He visto hombres humillar a su esposa en público, ridiculizarla y hasta denigrarla, pero lo peor, luego se comportan como si nada hubiera ocurrido. La verdad es que no solo se trata de lo duro que es el desprecio, también de no permitirlo y erradicarlo.

Querido lector, es una realidad que todos nos construimos con aquellos recursos emocionales y familiares que adquirimos en la infancia, y son esos recursos los que traemos a la hora de formar un hogar. Por eso, si usted vio un padre maltratador y abusador podría estar repitiendo la historia, pero si ese es el caso, tiene la opción de hacer un alto y pensar: ¿Por qué no cambiar la historia de mi generación?

Hombres, no olvidemos que cuando tenemos hijas, ellas inconscientemente tienden a buscar un hombre como su padre. Por eso algunas mujeres, sin importar el autoritarismo, maltrato, mentiras y abuso de su cónyuge, continúan silenciosas creyendo que no está tan mal aquel trato y a lo mejor con el tiempo cambiará. Cuando se da un vistazo a la historia infantil de ellas se identifica que ese cónyuge tiene muchos de los rasgos que su padre marcó en la infancia.

El desprecio es un aliado del maltrato que tiende a replicarse. Un desprecio entre esposos puede redundar en un desprecio entre hermanos, o entre padres e hijos, por eso este enemigo del que venimos hablando es tan urgente detectarlo y eliminarlo.

Antes mencioné la admiración como el dispositivo necesario para proteger el matrimonio del desprecio. En esa línea, Héctor Gallo (2016) en su libro "Las pasiones en el psicoanálisis", menciona la admiración tal como Descartes la llamaba: "*la primera de todas las pasiones*", y es que cuando como hombres perdemos la capacidad de sorprendernos, también perderemos la capacidad de extrañar; es allí donde comienza ese viaje que nos lleva tan lejos que ya tenemos que gritar para poder escucharnos. Recordemos que son justamente las diferencias y el no ser iguales lo que nos ha hecho admirarnos el uno al otro desde el inicio.

Quiero plantear unas posibles señales de desprecio en el matrimonio, las cuales pueden servir como indicadores de la relación:

- Criticamos todo.
- Mostramos profundo desinterés.
- Tenemos gestos y miradas hostiles.
- Realizamos permanentes burlas.
- Damos poco valor a los logros del otro.
- Nos molesta su avance o nos supone amenaza.
- Pensamos que estaríamos mejor sin esa persona.
- Enfermedad recurrente: Las parejas que experimentan desprecio se enferman más, debido a que su sistema inmunológico es más débil (gripas, dolores musculares y problemas gástricos).

Si algunas de estas señales o síntomas están presentes en su matrimonio, existe el peligro de que el desprecio lo haya permeado. Por eso urge un diagnóstico constante de la relación en la que se pueda evaluar con claridad aquellas pequeñas pero peligrosas actitudes o episodios donde el uno u otro actuó de manera despreciativa.

Quisiera terminar este capítulo en el que hemos observado la vida de una esposa despreciada, haciendo un llamado a los lectores masculinos para que se atrevan a reflexionar sobre su responsabilidad de dar valor a su esposa. Amigo, si usted dejó que el desprecio entrara a su vida, a su matrimonio y quizás a su familia, está en serio peligro de presenciar el derrumbe de su hogar. Lo mejor que puede hacer al comprender esta realidad es estar dispuesto a generar un cambio que permita paso a paso corregir esa ruta despreciativa que está amenazando su relación.

Basta leer la historia bíblica de Raquel y Lea para notar que Dios fue justo con Lea, de hecho, hasta vivió más tiempo. Sin embargo, en los anales de la historia ni siquiera se menciona la muerte de Lea; parece que fue una mujer que murió buscando el amor de un hombre que siempre la despreció.

Es un buen ejercicio dejar de pensar y repetir en la mente lo que criticamos y despreciamos de nuestra esposa para concentrarnos en las bellas cualidades que la acompañan, a lo mejor nos daremos cuenta que tiene muchas más cosas dignas de admirar de lo que pensamos. Puede ser que la esposa que se critica y se le compara con otras, se ha ido opacando tanto que hasta ella misma cree que su valor es menor al de aquel hombre que ante la menor oportunidad resalta sus carencias en lugar de su inmenso valor.

El final de esta historia no solo es triste sino paradójico. ¿Sabía que uno de los últimos deseos de Jacob (el despreciador) fue ser enterrado donde estaba Lea?

> Después de bendecirlos, Jacob les dio las siguientes instrucciones: "Ya me falta poco para morir. Por favor, entiérrenme en la tumba de mis antepasados. Me refiero a la cueva y al campo que Abraham le compró a Efrón el hitita para enterrar a su esposa Sara. Allí están enterrados Abraham e Isaac, y su esposa Rebeca, y allí también enterré a Lea".
>
> Génesis 49:29-31, TLA

Permítame dejar volar la imaginación. ¿Será que al final de su vida este hombre concluyó que el amor de Lea siempre fue sublime, puro y sincero? Yo no sé usted, pero yo no quisiera terminar mis días como Jacob, quien enterró una esposa que siempre esperó ser amada y admirada por su esposo, y que él solo valoró al final de su vida.

A veces el éxito tiende a hacernos daño. En esos momentos cuando nos sentimos crecer y hasta nos percibirnos invencibles, es cuando el desprecio nos puede tocar. Cuando ese virus intente permear su corazón, pregúntese: ¿Será que todo lo bueno que me ha llegado me está llevando a mostrar desprecio a mi esposa? Ante una respuesta positiva, aunque sea en mínima proporción y para nuestros adentros, se necesita un abordaje inmediato. El desprecio acecha, y lo hace muy de cerca.

CAPÍTULO 5

EL DESPRECIO DE LA ESPOSA

En el capítulo anterior vimos lo devastador de un hombre que aunque vive y hasta tiene vida sexual con su esposa, la desprecia de una manera tan aberrante que no parece conocer límites. Pero ¿qué del desprecio de la mujer hacia su esposo? ¿dice algo la Biblia al respecto? A continuación, veremos un caso en el que un hombre admirado por muchos fue despreciado al interior de su hogar.

El amor a diferencia del desprecio puede presentar variantes, es decir, una persona puede amar a otra y en un momento sentir ira desmedida hacia ese alguien; ira que terminará y no por eso el amor se acabó. En el desprecio no sucede así, el desprecio no es una reacción, no es un estado de ánimo, tampoco es asunto de una temporada, en realidad el desprecio es algo que se instala, que parece arraigarse y sin importar lo que el otro haga para detenerlo, crece sin control.

El desprecio se puede activar de forma insospechada y al hacerlo puede desconectar el matrimonio. Cynthia Szewach (2019) en su escrito para la revista digital "El Sigma", habla sobre el desprecio y establece que al no ser "*enojo, ira o angustia*" puede desatarse de forma súbita ante un acto cualquiera. Para explicarlo, me gustaría ilustrarlo con un artefacto eléctrico. Dicho artefacto puede ser de gran calidad, estar en perfectas condiciones, pero si está desconectado no va a funcionar sin importar cuántas maniobras se hagan. De igual manera hay matrimonios a los que una palabra o un acto los desconectó porque afectó y apagó a uno de los cónyuges; pudo ser una mentira o un sinnúmero de sucesos desafortunados que activaron el desprecio en una relación.

Pero ¿cómo se puede pasar del amor desmedido al desprecio manifiesto? Bueno, ya hemos explicado que el desprecio es muy diferente al amor, y por eso nos resulta tan difícil comprender por qué amamos o nos aman hoy, y terminamos despreciando o siendo despreciados mañana.

Para analizar la protagonista de este capítulo miremos el amor profundo que ella sentía por su esposo inicialmente, o al menos eso decía:

> Sin embargo, Mical, la otra hija de Saúl, estaba enamorada de David.
>
> 1 Samuel 18:20, TLA

Más aún, esta mujer dejaba ver que su amor era inmenso y hasta lo hacía muy evidente para su propia familia:

> Cuando Saúl se dio cuenta de que el SEÑOR estaba con David, y cuánto su hija Mical lo amaba.
>
> 1 Samuel 18:28, NTV

Efectivamente, hablaremos de Mical, esa joven enamorada que en un momento expresó de manera cortante desprecio por su esposo, el mismo que sería renombrado y recordado hasta hoy como "El rey David".

Daremos relevancia al momento en que el desprecio de esta esposa se evidenció, pero también en la ruta que ella caminó para llegar al desprecio expuesto.

Menosprecio e irrespeto

Cuando se analiza el momento en el que Mical demostró su desprecio, se puede observar que es un instante en el que David venía para bendecir su familia, según lo relata la Biblia. ¡Imagínese! ese hombre venía feliz a su casa, pero es recibido con un reproche hiriente:

> Cuando David regresó a su hogar para bendecir a su propia familia, Mical, la hija de Saúl, salió a su encuentro y le dijo indignada: —¡Qué distinguido se veía hoy el rey de Israel, exhibiéndose descaradamente delante de las sirvientas tal como lo haría cualquier persona vulgar!
>
> 2 Samuel 6:20, NTV

Podríamos llamar a este momento la "descarga emocional" de Mical, porque horas antes se registra que el virus del desprecio ya estaba en ella:

> Mical, hija de Saúl, se asomó por la ventana. Cuando vio que el rey David saltaba y danzaba ante el Señor, se llenó de desprecio hacia él.
>
> 2 Samuel 6:16, NTV

El desprecio puede ocasionar que una mujer (me refiero a ella porque estamos hablando de su papel en el desprecio) arruine momentos en que el esposo llega feliz, posiblemente celebrando un aumento, eufórico por un logro alcanzado, alegre por cumplir una meta, pero al querer compartirlo con su familia, el desprecio insensiblemente le reste valor a la celebración.

EL HOMBRE EN SU ANHELO DE SER RESPETADO CONDICIONA SU AMOR A RECIBIR DICHO RESPETO, PERO A LA VEZ LA ESPOSA EN SU ANHELO DE SENTIRSE AMADA, ESPERA ESA EXPRESIÓN DE AMOR PARA RESPETAR.

Por favor mujer, no permita que el desprecio la siga llevando por un camino de rechazo, donde a cada alegría de su cónyuge esgrime el reproche. Por ejemplo, decirle: "*y ese carro para qué si con la moto es suficiente*", "*para qué más libros, ni has leído los que tienes"*, "*cómo que compraste un viaje para ir de vacaciones, ¿acaso no ves todas las necesidades que tenemos?"*.

No quiero ser mal interpretado. No estoy sugiriendo un silencio amnésico por parte de una esposa que ve la realidad de forma diferente. No, de ninguna manera. Solo invito a reflexionar sobre cuál sería el mejor momento y la forma adecuada de expresar su valiosa opinión. En el fondo, el asunto es que si un comentario se hace desde el virus del desprecio no será solo una opinión, sino un ataque que esconde una descarga emocional contra el cónyuge.

Qué tremenda realidad, ¡David era admirado afuera, pero despreciado de puertas para adentro de su casa! Esta es la realidad en muchos hogares y es la queja que escucho en diversas consejerías que atiendo. Es habitual escuchar a la esposa decir: "*él es uno en la casa y otro en la calle*" y oír como respuesta del esposo: "*es que en la calle la gente sí me valora*". Usted no se imagina el mal que causa una actitud así, en realidad es una condición que desenergiza la vida y mata la motivación. Nadie que es recibido con desprecio querrá llegar o estar en casa.

Con respecto a los estragos del desprecio por la falta de respeto, recuerdo que un ministro cristiano amigo me comentó un caso que le pareció inaudito: un esposo que vino a contarle como luego de que su esposa por mucho tiempo le había dicho que no lo quería y además le mostraba un continuo desprecio, finalmente aceptó que se había enamorado de otro hombre. En el relato, este hombre le contó al pastor que ese día en el que ella confesó su amorío, tuvo que ayudarla a calmarse, puesto que según decía ella, su amante la iba a dejar y sentía que se estaba "muriendo de dolor". ¡Qué daño tan profundo había sufrido la estima de este hombre para llegar a tal condición!

Permítame mencionar una idea que podemos afianzar en el siguiente texto bíblico:

> En todo caso, el esposo debe amar a su esposa, como si se tratara de sí mismo, y la esposa debe respetar a su esposo.
>
> Efesios 5:33, TLA

Escuché una vez a alguien decir que este es un "círculo loco", debido a que el hombre en su anhelo de ser respetado condiciona su amor a recibir dicho respeto, pero a la vez la esposa en su anhelo de sentirse amada, espera esa expresión de amor para respetar.

¿Puede imaginarse esa lucha en un hogar donde el esposo dice: "*respétame y te amo*" y la esposa responde: "*ámame y te respeto*"? La verdad es que casi nunca se expresa de forma explícita, sino que ocurre inconsciente en la relación matrimonial. Si uno de los dos no detiene ese "círculo loco", lastimosamente se empezarán a minar las bases que con tanto esfuerzo se han tratado de asentar a lo largo del camino; ni qué decir de la gran puerta que a ese enemigo del desprecio se le estará abriendo.

Siguiendo con el tema en mención, preguntemos ¿Qué ocasiona el desprecio de una esposa por su esposo?

Romper el vínculo

Al inicio del capítulo, mencionaba que el desprecio recorre ciertos caminos antes de hacerse manifiesto, pero también puede llevarnos por sendas altamente destructoras para nosotros y para otros. Continuemos con el relato que nos está sirviendo de ejemplo:

> Luego, David envió algunos de sus ayudantes a Carmel, para que le dijeran a Abigail: "David nos manda a pedirle que acepte usted ser su esposa". Al oír esto, Abigail se inclinó de cara al suelo, y dijo: "Yo estoy para servir a mi señor David, y para hacer lo que él me ordene. ¡Incluso estoy dispuesta a lavar los pies de sus esclavos!" Después de haber dicho esto, se preparó rápidamente y, acompañada de cinco sirvientas, montó en un burro y se fue tras los enviados de David para casarse con él. David tuvo dos esposas, pues además de casarse con Abigail se casó también con una mujer de Jezreel, llamada Ahinóam. Aunque Mical había sido esposa de David, más tarde Saúl

> le ordenó casarse con Paltí hijo de Lais, que era de Galim.
>
> 1 Samuel 25:40-44, TLA

Definitivamente este hogar se rompió. Es la historia de un hombre que se marchó, fue infiel, tuvo otras esposas, y a su vez la esposa se casó con otro, estos entre otros factores desencadenantes que no permitieron que este matrimonio funcionara. Aquí se presenta una alerta en rojo: sin importar nuestra posición actual o quienes seamos, el hogar demanda un máximo cuidado.

No estamos hablando de cualquier persona, sino de un hombre que fue escogido para ser rey, un líder con un respaldo de Dios sin precedentes en la monarquía; su esposa era la mismísima hija del rey anterior. En fin, todo podría apuntar a una vida matrimonial ejemplar y casi perfecta, pero no fue así, se convirtió en una de las más turbulentas que registra la Biblia. Ninguno de los éxitos afuera, garantiza el bienestar adentro.

EL DESPRECIO ES UN FAMILIAR CERCANO DEL IRRESPETO.

Ahora, si el desprecio es tan dañino, como lo vimos desde su definición: "considerar insignificante, desestimar, tener en poco" (RAE) ¿por qué es tan común en los matrimonios de hoy? Posiblemente por las falsas expectativas que, sin importar las exigencias o esfuerzos que por parte y parte se hagan, no se podrán cumplir.

Siguiendo en la línea de este capítulo donde hemos enfocado el desprecio desde la mujer hacia el hombre, permítame explicarle un fenómeno que suele ocurrir.

Una paciente me dijo una vez: "*yo quiero un marido de verdad*". Le pregunté cómo era ese tipo de marido. Ella me contestó: "*cariñoso, romántico, ordenado, que no se enoje fácilmente, que no me contradiga y que me ame más que al fútbol*". La miré con compasión y le dije con sinceridad: "*ese hombre solo existe en su imaginación*". Quizás la señora no se había percatado que estaba casada con un hombre que aún está y estará en construcción hasta su muerte. El reconocido televangelista estadounidense Billy Graham lo expresó con magistralidad en una de sus predicaciones: "*no estamos ni estaremos terminados hasta que vayamos a la eternidad*".

Déjeme confesarle algo, ¿sabe quién es la primera en felicitarme cada domingo después de mi predicación a la comunidad cristiana que dirijo?, ¿sabe quién muestra lo feliz y orgullosa que está cuando le comparto un logro o mención del hospital psiquiátrico donde atiendo? Mi esposa. Ella es la persona que en primera fila me da ánimo a través de esas muestras de valor y admiración, lo cual sin duda es un combustible tremendo para todo hombre.

Mujer, las falsas expectativas pueden conducir al desprecio. No olvidemos que Mical quería ser reina, y a lo largo de la historia pareciera que ella se enamoró del héroe, pero despreció al siervo.

Rompe la relación

La relación de David y Mical fue marcada por el desprecio de una mujer y la respuesta despectiva de un esposo. No somos ciegos a todas las variantes sociopolíticas y culturales de la época que quizás empujaron a que la historia se desarrollara en los laberintos donde se perdió, pero no por eso dejaremos de observar detalles que se dieron a lo largo de este turbulento matrimonio.

Veamos como 14 años después David regresa. Solo basta poner un poco de atención al relato bíblico para admirarse ante la forma en que este esposo se expresa:

> Luego Abner mandó unos mensajeros a Hebrón, para que le dijeran a David: "Haz un pacto conmigo, y yo te ayudaré a que seas rey de todo Israel". David le contestó: "Me parece bien. Haré un pacto contigo, pero con la condición de que, cuando vengas, me traigas a Mical, la hija de Saúl".
>
> 2 Samuel 3:12-13, TLA

La frase "*la hija de Saúl*" muestra algo escondido y es que Mical al parecer nunca rompió el vínculo con su padre, es decir, se casó con David, pero seguía bajo las órdenes de Saúl.

Desde el principio Dios estableció un orden familiar, según el cual los esposos deben construir su hogar sin injerencias externas. Basta recordar:

> Por tanto, dejará el hombre a su padre y a su madre, y se unirá a su mujer, y serán una sola carne.
>
> Génesis 2:24

Muchos hogares son presa del desprecio no del cónyuge, sino del padre o madre del cónyuge, de sus hermanos o familiares cercanos, los cuales opinan, intervienen y hasta consideran tener el derecho de hablar y marcar pautas en una relación que les es ajena.

Aunque hemos hablado especialmente del desprecio entre esposos, vale decir que es dañino venga de donde venga. No es un secreto que los sentimientos de Saúl hacia David no eran los mejores, hasta causaron una persecución a muerte del suegro contra el yerno. Ese hogar nunca funcionó porque el desprecio lo atacó por diferentes flancos y logró destruirlo. No se debe subestimar ningún desprecio en la familia, para la muestra está la influencia que ejerció Saúl sobre su hija, quien debido a ello terminó casándose con otro hombre.

El hogar debe ser construido por ambos cónyuges. Cada uno debe esforzarse por dar lo mejor en medio de su humanidad, con la expectativa de que podrá hacerlo mejor cada día. Juan Varela menciona la insatisfacción del individuo ante su incapacidad de sentirse pleno en esta vida, indistintamente si es cristiano o no: "*experimentamos un grado de insatisfacción permanente, pues al haber sido creados para la eternidad nunca encontraremos la plena felicidad en este mundo*".

Existe la posibilidad de sentirnos insuficientes para la otra persona, lo cual es totalmente normal, lo anormal es dejarlo allí, de tal modo que vaya creciendo y convirtiéndose en un manifiesto rechazo, y finalmente llegar al desprecio que termina atacando letalmente como lo hemos expuesto.

En repetidas ocasiones he llamado al desprecio un virus, porque de la misma forma como un virus se aloja imperceptiblemente en el cuerpo y se debe detectar para evitar la muerte, cuando se adquiere el virus del desprecio en un matrimonio se deben activar las alarmas para contrarrestar los efectos de este mal en quien lo posee y lo transmite.

Regresando al caso que nos atañe hay que decir que el desprecio es un familiar cercano del irrespeto, así lo muestra el registro bíblico:

> ¡Qué distinguido se veía hoy el rey de Israel, exhibiéndose descaradamente delante de las sirvientas tal como lo haría cualquier persona vulgar!
>
> 2 Samuel 6:20-23, NTV

Mical estaba criticando la entrega y adoración de su esposo de manera hostil y seguramente terminó ofendiendo y avergonzando a su esposo.

He conocido mujeres que criticaban a su esposo por sus muestras de fe, algunas hasta mostraban desidia cuando él invitaba a la familia a pasar un tiempo con

Dios o a acercarse desde una sana espiritualidad a la construcción de un buen hogar. ¿Sabe qué ocurrió en algunos de esos casos? Que el esposo se cansó de tanta crítica y rechazo a su fe que se alejó. Y aquella esposa que un día criticó con vehemencia la espiritualidad de su esposo, ahora se arrepiente amargamente.

DIOS NO ACEPTA EL DESPRECIO, PORQUE EL DESPRECIO LLEVA UN ACOMPAÑAMIENTO QUE ÉL DETESTA: ORGULLO Y SOBERBIA.

No será este un capítulo para acusar a Mical, más bien aprovecharemos para analizar algunas actitudes de los dos esposos que tal vez fueron las causas de la disfuncionalidad de su hogar.

Miremos cómo actuó David en su relación matrimonial, quizás parezca algo perturbador. David tuvo seis hijos en diferentes esposas. El pasaje bíblico los enumera en orden de nacimiento (2 Samuel 3:1-5):

- Con Ahinóam, su esposa de Jezreel, tuvo a Amnón.
- Con Abigail, la viuda de Nabal, tuvo a Quilab.
- Con Maacá, la hija de Talmai, rey de Guesur, tuvo a Absalón.
- Con Haguit tuvo a Adonías.
- Con Abital tuvo a Sefatías.
- Con Egla tuvo a Itream.

¡Seis esposas aparte de Mical! Definitivamente la vida sentimental del rey no era la mejor. Queda demostrado que el desprecio socaba una relación con el pasar del tiempo y hasta puede herirla de muerte. Por eso es imprescindible detectarlo y superarlo si se quiere reconstruir una relación.

Mientras David llevaba una vida con varias esposas y muchos hijos con cada una de ellas, Mical tuvo otro esposo y vivió con él hasta que David prácticamente negoció su regreso. El desprecio no solo afecta a la pareja, también causa daños colaterales a los más cercanos; el nuevo esposo de Mical la amaba (no se dice sí ella le correspondía) y su dolor es registrado en un relato de profundo dolor:

> Como Mical vivía con Paltiel hijo de Lais, Is-bóset mandó que se la quitaran. Pero Paltiel se fue llorando tras ella, hasta que llegaron a un pueblo llamado Bahurim. Allí Abner le dijo: "¡Ya basta de lloriqueos! ¡Vuelve a tu casa!" Y Paltiel regresó.
>
> 2 Samuel 3:15-16, TLA

Habían transcurrido catorce años desde que David se había ido del lado de su primera esposa y ahora regresaba con esposas e hijos y tomó por la fuerza a la mujer que hace más de una década había abandonado. Claro, su huida fue causada por una persecución, pero es que en las diferentes variantes de la relación de

David y Mical se evidenció que la relación de ellos no era una buena.

El desprecio trae consecuencias. No solo las vimos en la vida de Jacob por su desprecio a Lea, también en Mical por su despreció a David.

> Y Mical, la hija de Saúl, nunca tuvo hijos en toda su vida.
>
> 2 Samuel 6:23, NTV

Dios no ve con buenos ojos ni acepta el desprecio, tal vez porque el desprecio lleva un acompañamiento que el Señor detesta: orgullo y soberbia los cuales causan que el despreciado caiga cada vez más en un estado de sufrimiento insoportable.

CONCLUSIÓN

El desprecio, además de ser un trato sumamente perjudicial para el matrimonio, es quizás uno de los sentimientos más dañinos para el ser humano. Puede ser tan sutil que se gesta a través de una palabra o llegar a extremos de violencia física. El desarrollo de un hogar, de un hijo o de una amistad puede verse truncado por este virus o su presencia puede marcar un antes o un después en una relación.

No se debe confundir un momento de ira o enojo con desprecio, este es mucho más soterrado y a la vez letal. El desprecio se abraza con la humillación para impactar las emociones y las profundidades del alma del otro, que por momentos "aguanta" en silencio. Recuerdo la frase que un día mi padre me dijo: "*nunca te aproveches del amor de tu esposa, pero aprovecha desde el amor ese amor*".

El desprecio siempre será eso, un aprovechamiento del otro, donde sin reparo se lanzan los más letales ataques al alma y al corazón de una persona que, por increíble que parezca, puede responder con el tiempo de igual o peor forma. No olvide que al ser un virus puede mutar y ser contagioso, así que nada garantiza que el cónyuge no lo contraiga, o más grave, afecte a los hijos y la familia en general. ¡Imagínese toda una familia invadida por el desprecio!

Una familia que ha albergado el desprecio es una familia rota, que terminará no solo fracturada sino con sus miembros dispersados, lo cual desdice claramente del plan original trazado por Dios.

El despreciador es muy duro por fuera, pero supremamente frágil por dentro, es alguien carente de amor y con muy poca inteligencia emocional y espiritual, lo cual no le permite retomar el rumbo adecuado para construir una sana relación. Por eso, a través de este libro he querido mostrar la letalidad del deprecio, pero también posibles abordajes en medio de aquella crisis que puede acechar.

El desprecio cuando entra irá avanzando, pasará de una mirada amenazante a un gesto despectivo, de un murmullo a un grito expreso, de una amenaza leve a una reacción física. Parece que el desprecio tuviese todo el tiempo del mundo para lograr su cometido: destruir una relación y por qué no, una vida, o muchas, si se le permite. Vale la pena recordar la frase que la psicóloga

Valeria Sabater (2022) en su artículo "El desprecio genera daño psicológico" con la que resalta lo dicho por Honoré de Balzac: "*Las heridas incurables son aquellas infligidas por la lengua, los ojos, la burla y el desprecio*".

El desprecio no se cura o erradica con una conversación o con esas buenas intenciones de cambio que en momentos de dificultad se pronuncian. No somos máquinas para que de manera automática eliminemos o reprogramemos un comportamiento que influye en la relación. Será más bien a través de un proceso, acompañamiento y lógicamente la ayuda que Dios da al hogar a través de su Espíritu Santo, que se podrá eliminar ese enemigo al que no me canso de llamar "virus" porque ha matado tantos hogares por siglos.

No debemos permitir que una relación matrimonial caiga en el reduccionismo del uno hacia el otro debido a ese desprecio feroz que daña la relación. En cambio, tenemos que emprender una lucha recuperatoria de esos vínculos de amor que un día se empezaron a forjar, pero que por alguna razón se debilitaron y entonces el monstruo del desprecio hizo su aparición.

No lo olvide, el antídoto para el desprecio es la aceptación, entendiéndose por aceptación la capacidad de amarse a sí mismo para entonces amar a otros, ya que no se podrá aceptar al otro si no se ha logrado la aceptación propia. Además, está la decisión llamada amor, esa que logra borrar y superar lo insuperable o imperdonable a los ojos humanos y trasciende casi hasta la locura;

una decisión que el propio Jesús nos enseñó cuando entregaba su vida por nosotros.

Quiero terminar con aquel texto bíblico:

> Esposos, amen a sus esposas como Cristo amó a la iglesia y dio su vida por ella.
>
> Efesios 5:25, NVI

Este versículo hace un llamado a ese amor que está dispuesto a darlo todo, y podemos conectarlo con este otro:

> Hay tres cosas que son permanentes: la confianza en Dios, la seguridad de que él cumplirá sus promesas, y el amor. De estas tres cosas, la más importante es el amor.
>
> 1 Corintios 13:13, TLA

Agradecimientos

Agradezco a mi esposa e hijas por acompañarme cada día en esta carrera ministerial y profesional, son ellas un baluarte esencial para mi vida.

A "La Central", comunidad cristiana que con paciencia me sabe amar y se arriesga a confiar su vida espiritual a nuestro liderazgo.

Muy especialmente a todo el cuerpo pastoral y de servicio con quienes tengo el honor de trabajar.

Bibliografía

Bracamonte, Sandra (2021). *Familia y hogar ¿En qué se diferencian? ¿Cuáles son sus características?* https://www.aldeasinfantiles.org.co/blog/familia-y-hogar-%C2%BFen-que-se-diferencian-%C2%BFcuales-(1)

Climent, Carlos (2000). *Lo Esencial en Psiquiatría.* Cali: Editorial Feriva.

Delgado, Jennifer. *Qué es el Desprecio.* https://rinconpsicologia.com/que-es-el-desprecio/

Feldhahn, Jeff, (2007). *Solo para hombres.* Editorial Unilit.

Freud Sigmund (1931). *Sobre la sexualidad femenina.* Aorrortu editores.

Gallo, Héctor (2016). *Las pasiones en el psicoanálisis.* Ediciones Grama.

Osborne, Cecil (1998). *"Psicología del Matrimonio".* Editorial Unilit.

Sabater, Valeria (2022) en su artículo “El desprecio genera daño psicológico” https://lamenteesmaravillosa.com/el-desprecio-genera-dano-psicologico/

Szewach, Cynthia (2019). *Algunas notas sobre el desprecio*. Revista digital: “El Sigma”. https://www.elsigma.com/colaboraciones/algunas-notas-sobre-el-desprecio/13631

Varela, Juan (2012). *Tu matrimonio sí importa.* Editorial Clie.